Einsterns Schwester

3

Themenheft 2

★ Richtig schreiben

Herausgegeben von
Roland Bauer, Jutta Maurach

Erarbeitet von
Wiebke Gerstenmaier, Sonja Grimm

In Zusammenarbeit mit
der Redaktion Grundschule Deutsch 2–4

Cornelsen

Inhaltsverzeichnis

So kannst du mit den Heften arbeiten

Du machst alle
Seiten der Lernportion 1.

Zuerst im grünen Heft.

Dann im roten Heft.

Dann im gelben Heft.

Und dann im blauen Heft.

Danach machst du in
allen Heften die Lernportion 2.

Nun machst du in
allen Heften die Lernportion 3.

Genauso bearbeitest du
alle anderen Lernportionen.

In diesem Heft
kannst du den
Grundwortschatz
vertiefend üben.

13.9.2023

1. Sprich die Wörter deutlich in Silben.
Schwinge dazu.

Urlaub | Wolken | Ferien | Flughafen | Segelflugzeug | Pilot | Scheinwerfer | Flügel | Windstärke | Reisepässe

2. Schreibe die Wörter aus 1 mit Silbenbögen auf.
Markiere die Silbenkerne.

Heft 2, S. 5 ②
Urlaub, …

3. Setze die Silben zu acht Verben zusammen.
Schreibe sie mit Silbenbögen auf.
Achte auf die Farben.

Heft 2, S. 5 ③
landen, …

lan | flie | star | um | rei | stei

gen | sen | ein | ten | ab | la | brem

den | he | sen | ben | gen | den

der Boden
erlauben
Europa
fliegen
reisen
der Schalter

Wie du mit der Lernwörterkartei arbeitest, kannst du im Trainingsheft zum Grundwortschatz auf Seite 3 nachlesen.

So schreibe ich richtig mit Hilfe der Silben ab

1. Ich spreche ein Wort oder mehrere Wörter in Silben und merke sie mir.
2. Ich schreibe die Wörter auswendig auf und spreche dabei leise in Silben.
3. Ich zeichne die Silbenbögen ein und prüfe das Wort Silbe für Silbe.

(1) Schreibe die Wörter mit Silbenbögen auf.
Achte auf schwierige Stellen.

- fünf Sesambrötchen
- ein Glas Marmelade
- eine Tüte Äpfel
- sieben Bananen
- ein Päckchen Milchreis
- zwei Flaschen Vollmilch

Heft 2, S. 6 ①
– fünf Sesambrötchen
– ...

(2) Schreibe den Text als Schleichdiktat.
Zeichne zur Kontrolle die Silbenbögen ein.

Heute koche ich | Milchreis. |
Dazu stelle ich | einen Topf mit Milch |
auf den Herd | und schalte ihn an. | Ich gebe |
zwei Löffel Zucker dazu. | Wenn die Milch kocht, |
schütte ich | eine Tasse Reis hinein. |
Damit nichts anbrennt, | rühre ich gut um.

Heft 2, S. 6 ②
Heute koche ich ✓...

brummen	der Löffel
herstellen	die Tasse
kochen	der Teller

1 Lies den Zauberspruch.
Schreibe die Nomen mit Silbenbögen auf.

Heft 2, S. 7 ①
Zauberspruch, ...

Zauberspruch

Nimm Entenfedern, Löwenzahn
und einen Löffel Lebertran.
Sprich Hunke-munke-mops dabei
und mische einen dicken Brei.
Schmier dir die Nasenspitze ein
und stell dich in den Mondenschein.
Und schwebst du nun nicht in die Nacht –
dann hast du etwas falsch gemacht!

Max Kruse

2 Reime die Zaubersprüche weiter.

Lirum Larum
Besenstiel ...

Räubersäbel, Hasenzahn,
Majoran und Parmesan ...

3 Merke dir immer eine Zeile.
Decke sie ab und schreibe sie auf.
Kontrolliere mit Silbenbögen.

Heft 2, S. 7 ③
– acht Oktopustränen
– ...

- acht Oktopustränen
- sieben Warzenkröteneier
- zwei Tüten rosa Holunderblüten
- fünf Adlerfedern
- eine Tube Schleimpasta
- etwas Majoran

Jede Silbe hat einen **Silbenkern**.
Meistens ist es ein **Vokal** (a, e, i, o, u): der Ball, die Nase.
Manchmal ist es ein **Umlaut** (ä, ö, ü): der Bär, die Möwe.
Manchmal ist es ein **Zwielaut** (ei, eu, au, äu): das Haus, die Leute.

① Setze passende Silbenkerne ein.
Schreibe die Nomen auf.
Zeichne die Silbenbögen ein und
markiere die Silbenkerne.

Heft 2, S. 8 ①
a) Kartoffel, …
b) Papagei, …

a)

K☆rt☆ff☆l	K☆mp☆ss
T☆chn☆k	M☆gn☆t
K☆n☆g☆n	N☆chb☆r

b)

Ppg
Wlk
Nshrn

②

deutlich
eigentlich
flüstern
gegen
höflich
wieder

Wörter mit **en**, **el** und **er** schreiben

① Ordne die Verben nach ihren Silbenkernen.

Heft 2, S. 9 ①+②
a e: schlafen, ✓ ...
...

a e	e e	au e	ei e	ie e
bauen	schlafen	heizen	merken	schieben
fressen	laufen	frieren	wachsen	reiten
riechen	retten	schaukeln	zeichnen	halten
raten	kriechen	messen	schweigen	schauen

② Finde für jedes Beispiel aus ① drei weitere Verben.
Du kannst die Wörterliste nutzen.

③ Schreibe die Wörter mit en, el und er
mit Silbenbögen auf. Markiere die Silbenkerne.

Heft 2, S. 9 ③
Rätsel, ...

Räts☆ bind☆ Fried☆ Schalt☆

Hung☆ März☆ blick☆

Schnab☆ Wind☆ fang☆ Spieg☆

größ☆ Hauf☆ krieg☆

Bäck☆ Ang☆ Büg☆ Räub☆

Gewitt☆ Zirk☆ Feu☆

ω begegnen
der Nabel
die Schaukel
das Theater
über
wiegen

Manchmal muss ich ein Wort **am Ende einer Zeile** trennen, wenn es nicht mehr in die Zeile passt.
Ich trenne so, wie ich das Wort beim langsamen **Sprechen** in Silben **zerlege**: Wan-der-tag.
Aber: Beim schriftlichen Trennen von Wörtern darf ein Buchstabe nicht alleine stehen:
Emilia (schwingen) Emi-lia (schriftlich trennen)

① Trenne die Wörter schriftlich.

Wandertag ★ Hausaufgabenheft ★ Elternsprechtag ★ Lieblingsfach ★ Pausenbrot ★ Halbjahreszeugnis

Heft 2, S. 10 ①
Wan-der-tag, …

② Schreibe nur die Namen auf, die du trennen kannst. Achte auf die Regel.

Marlene ★ Artur ★ Tarek ★ Dardana ★ Felix ★ Mio ★ Yuna ★ Janosch ★ Ben ★ Özgür ★ Leonie ★ Vanessa ★ Teresa ★ Marie ★ Oskar ★ Alina ★ Dejan ★ Moritz ★ Esra ★ Ronja

Heft 2, S. 10 ②
Mar-le-ne, Ar-tur …

③ Finde die Reimwörter und trenne sie schriftlich.

A	singen	br	zw	gel	spr
B	Sachen	l	m	Dr	kr
C	winken	st	bl	tr	schm

Heft 2, S. 10 ③
A: sin-gen, brin-gen, …
B: Sa-chen, …
C: win-ken, …

Lernportion 1: Mit Silben arbeiten

Plenum: sich darüber austauschen, was beim schriftlichen Trennen beachtet werden muss; den Unterschied zum Silbenschwingen herausstellen

AH 9

(1) Lies den Text. Trenne die Wörter passend, sodass sie nicht mehr über den Rand geschrieben werden.

Heft 2, S. 11 (1)
Klassen-lehrerin, ...

Beachte die Trennungsregeln von Seite 10.

Der Streik

In meine Schulklasse gehen 24 Kinder. Unsere Klassenlehrerin
ist hilfsbereit und meistens sehr nett. Sie heißt Frau Singer.
In ihrem Unterricht lachen wir oft. Aber leider gibt sie
uns viele Hausaufgaben auf. Neulich waren wir deshalb
wieder einmal furchtbar wütend, denn wir hatten überhaupt
keine Freizeit mehr.
Gestern hatte Tia, unsere Klassensprecherin, eine Idee.
Sie rief uns in der Pause zusammen und sagte: „Wir streiken!“
Die ganze Klasse beschloss dann, heute keine Hausaufgaben
zu machen. Wir malten auch bunte Schilder wie bei
einem richtigen Streik. Wir hatten natürlich ein bisschen
Angst, was am nächsten Tag bei der Hausaufgabenkontrolle
passieren würde. Aber Frau Singer lachte einfach
und fand es toll, dass die ganze Klasse fest zusammengehalten
hat. Sie erklärte uns aber auch, warum Übung wichtig
ist. Jetzt machen wir jeden Freitag eine Stunde Klassenrat.
Da besprechen wir unsere Anliegen und Wünsche.

Nomen mit **ä** und **äu** ableiten

Ich schreibe ein Wort mit ä oder äu, wenn ich es von einem verwandten Wort mit a oder au **ableiten** kann.

 das Äffchen ↯ der Affe 

 die Fäuste ↯ die Faust 

(1) Leite ab. Schreibe wie im Beispiel.

Heft 2, S. 12 ①
die Fäuste ↯ die Faust,
...

(2) Leite ab und ergänze.

Klein ist	↯	Groß ist
das Gärtchen	↯	der
das Kätzchen	↯	die
das	↯	die Tanne
das	↯	das Lamm
das	↯	die Vase
das 	↯	der 
das 	↯	das 

Heft 2, S. 12 ②
das Gärtchen ↯ der Garten,
...

(3) Findet mindestens vier weitere Wortpaare wie in (2).

die Ärzte ↯ der Arzt
die Bäder ↯ das Bad
die Plätze ↯ der Platz

① Leite mit dem verwandten Nomen ab.
Schreibe und markiere wie im Beispiel.

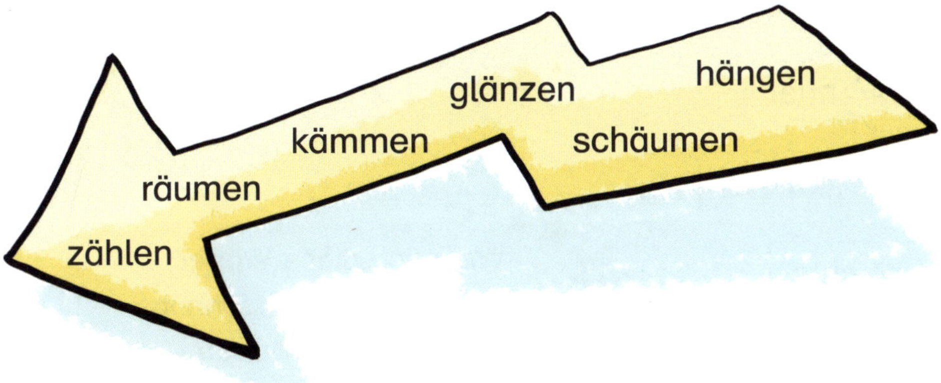

Heft 2, S. 13 ①
zählen ↯ die Zahl,
...

② Setze die Verben aus ① in der passenden Personalform ein. Schreibe den Text auf.

Jeden Morgen ▢ die Bäuerin die Eier im Hühnerstall des Bauernhofes. Einen Teil der Eier ▢ sie vorsichtig in einen warmen Brutschrank ein, bis daraus Küken schlüpfen. Dann ▢ sie das Fell des kleinen Esels, bis es ▢. Sie seift seine kleinen Hufe ein, bis es ordentlich ▢. Danach ▢ sie die Wassereimer an ihrem Griff in die Boxen der Pferde.

Heft 2, S. 13 ②
Jeden Morgen zählt ...

③

aufräumen ↯ der Raum
erklären ↯ klar
kämpfen ↯ der Kampf

① Setze ä/äu oder e/eu passend ein.
Ordne die Wörter in eine Tabelle ein.
Leite die Wörter mit ä oder äu ab.

Sch★rfe · Kr★z · M★nner

R★der · bl★lich · St★er

Geb★de · ★lter · r★chts

Erkl★rung · T★xt · L★fer

f★cht · Str★ße · R★chnung

d★tsch · Gr★ser · Z★gnis

★hrlich · Verk★fer

Heft 2, S. 14 ①+②

ä/äu	e/eu
Schärfe ϟ scharf	Kreuz
…	…

Wenn ich diese Wörter nicht ableiten kann, schreibe ich sie mit **e** oder **eu**.

② Ergänze in der Tabelle aus ① in jeder Spalte drei weitere Wörter.
Nutze dazu die Wörterliste.

③ Finde in der Wörterliste zu jedem Verb die Grundform. Schreibe beide Formen auf und markiere wie im Beispiel.

Heft 2, S. 14 ③
er läuft – laufen, …

er läuft · es brennt · sie hält

es wächst · sie fährt · es leuchtet

er steuert · sie trägt

sie fängt

die Brände ϟ der Brand
die Räume ϟ der Raum
die Wäsche ϟ waschen

2 Nomen mit **b/p**, **d/t** und **g/k** verlängern

Manchmal kann ich nicht hören, ob ein **Nomen** am Ende
mit b oder p, d oder t, g oder k geschrieben wird.
Dann verlängere ich das Nomen, indem ich die **Mehrzahl** bilde.
der Hun_? (d oder t?) ↪ die Hunde also: der Hund

① Setze b oder p, d oder t, g oder k passend ein.
Schreibe die Nomen in der Einzahl und in der Mehrzahl auf.

Heft 2, S. 15 ①
das Kind ↪ die Kinder,
...

② Setze b oder p, d oder t, g oder k passend ein.
Schreibe die Nomen in der Einzahl und in der Mehrzahl auf.

Heft 2, S. 15 ②
das Geld ↪ die Gelder,
...

das Gel☆	der Krie☆	das Fel☆		
der Ber☆	das Lie☆	der Hun☆	der Urlau☆	der Erfol☆

Plenum: sich darüber austauschen, bei welchen Wörtern das Verlängern eine Rechtschreibhilfe darstellt

Manchmal kann ich nicht hören, ob ein Wort mit b oder p, d oder t, g oder k geschrieben wird.
Bei **Verben** suche ich dann die **Grundform**:
sie lie_t? (b oder p?) ↪ lieben also: sie liebt
Bei **Adjektiven** setze ich ein **Nomen** dahinter:
wil_? (d oder t?) ↪ das wilde Tier also: wild

① Setze b oder p, g oder k ein.
Verlängere und schreibe wie im Beispiel.

A In den Ferien flie☆t Emil in die Türkei.
B Das Küken pie☆t ganz leise.
C Ein Luftballon schwe☆t hoch am Himmel.
D Mama par☆t das Auto vor dem Haus.
E Der Schwertwal ja☆t im tiefen Gewässer.

Heft 2, S. 16 ①
A: er fliegt ↪ fliegen
B: ...

② Setze b oder p, d oder t oder g oder k ein.
a) Verlängere und schreibe ab.
b) Finde weitere Beispiele.

Heft 2, S. 16 ② a) + b)
A: Der Ball ist rund. ↪ der runde Ball
B: Das ...

A Der Ball ist run☆.  ↪ der ☐ Ball
B Das Kind ist kran☆.  ↪ das ☐ Kind
C Der Drachen ist bun☆.  ↪ der ☐ Drachen
D Die Blume ist gel☆.  ↪ die ☐ Blume
E Die Professorin ist klu☆.  ↪ die ☐ Professorin

2 Wörter mit doppeltem Konsonanten verlängern

Manchmal kann ich einen **doppelten Konsonanten** schlecht hören.
Dann hilft das **Weiterschwingen**.
So kann ich den doppelten Konsonanten in zwei Silben hören.

Nomen:	Adjektiv:	Verb:
Stamm ↪ die Stämme	dünn ↪ ein dünner Mann	kommt ↪ kommen

① Verlängere durch Weiterschwingen.

krumm | trifft | rennt

Kamm | Schritt | glatt | voll

Schiff | schnappt | kläfft

Heft 2, S. 17 ①
krumm ↪ eine krumme Banane,
...

② Setze fehlende Konsonanten ein.
Verlängere durch Weiterschwingen.
Schreibe auf, wie du verlängert hast.

Heft 2, S. 17 ②
schwimmt ↪ schwimmen,
...

Niko schwi☆t allen davon

Niko hat Angst und hält sich an seinem Schwimmbre☆ fest. Wenn die Stunde begi☆t, möchte er am liebsten schne☆ gehen. Seine Lehrerin ke☆t ihn gut und hilft ihm. Nach ein paar Stunden kla☆t es schon viel besser. Das ist to☆ und Schwimmen macht nun Spaß. Am Ende schwimmen alle Kinder um die Wette. Beim Pfi☆ springt Niko mit den anderen ins Wasser. Er gewi☆t und fä☆t seiner Mutter danach glücklich in die Arme. Sie drückt ihm einen Ku☆ auf die Nase und meint: „Jetzt ka☆st du schwimmen wie ein Profi!"

es beginnt ↪ beginnen
der Kamm ↪ die Kämme
sie kennt ↪ kennen

① Würfelt und rückt mit eurer Spielfigur in Pfeilrichtung entsprechend eurer Augenzahl vor. Bildet durch Verlängern die Grundform. Macht ng oder nk hörbar. Spielt drei Runden.

Bei manchen Verbformen kannst du **ng** oder **nk** nicht deutlich hören. Bilde dann die Grundform:
sie spri★t ↪ springen
er de★t ↪ denken

es kli★t	es drä★t	er sche★t	es si★t
es wa★t	er bli★t	es hä★t	er de★t
er spri★t	er bri★t	ZIEL	es schwa★t
sie hi★t	sie da★t	er si★t	sie tri★t
sie le★t	es sti★t	sie za★t	START

② Bildet mit Hilfe der Verben aus ① Reimwortketten in der Grundform.

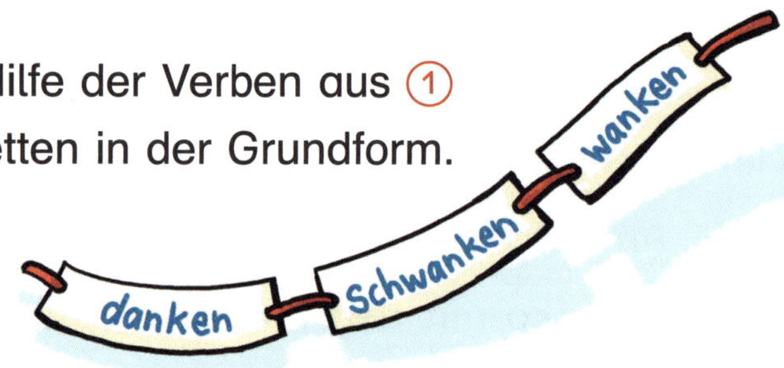

Heft 2, S. 18 ②
danken – schwanken – ...
...

③ Sucht in der Wörterliste Wörter, bei denen ihr deutlich ng oder nk hören könnt.

Heft 2, S. 18 ③
...

So führe ich ein Rechtschreibgespräch über schwierige Wörter

1. Ich suche mir mindestens ein weiteres Kind, mit dem ich das Rechtschreibgespräch führen möchte.
2. Wir lesen das Wort.
3. Wir überlegen, welche schwierigen Stellen das Wort hat, und tauschen uns aus, warum diese Stellen schwierig sind.
4. Wir überlegen, ob es Strategien oder Regeln gibt, die uns helfen, die schwierigen Stellen richtig zu schreiben.

1 Seht euch das Bild an. Besprecht, was Lisa, Tim und Milan machen.

2 Wählt drei Wörter aus und führt dazu ein Rechtschreibgespräch.

Saftgläser	Buntstift	Großvater	Bienenstich	Kreuzworträtsel

Plenum: sich darüber austauschen, dass ein Rechtschreibgespräch dabei hilft, das Gelernte zu vertiefen, weil man sich dabei gegenseitig etwas erklärt

Wörter mit **Sp/sp** und **St/st** schreiben

① Lies die Wörter und setze dabei Sp oder St ein.

☆aß ☆reiche ☆eine ☆ress ☆ille ☆argel

☆aub ☆empel ☆inat ☆reit ☆innen ☆urm

☆au ☆aghetti ☆reifen ☆ort ☆aziergänge

② Ordne die Wörter aus ① zu.

☺ Ich mag: ☹ Ich mag nicht:

Heft 2, S. 20 ②

☺	☹
Spaß	…
…	…

③ Wählt zwei Wörter aus und führt dazu ein Rechtschreibgespräch.
Nutzt die Anleitung von Seite 19.

Sternschnuppen Sportplatz Kreuzspinne

Baumstämme Geheimversteck Streitschlichter

④

spät
der Spatz
spazieren
der Stamm
stark
steigen

3 Wörter mit **Qu/qu** schreiben

① Setze die Silben zu Nomen zusammen.
Schreibe die Wörter auf.

Quel	Quar	Qual	der	qua	
Qua	le	Qua	A	um	tung
Quit	le	drat	tett	ri	

Heft 2, S. 21 ①
Quelle, …

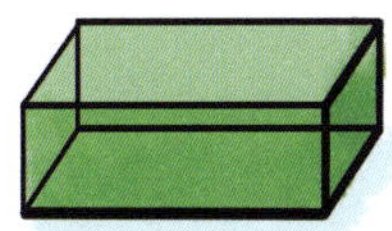

② Sortiere die Wörter nach Adjektiven und Verben.

quadratisch	qualmen	quaken	
bequem	qualvoll	quatschen	quirlig
überqueren	quetschen	quietschen	

Heft 2, S. 21 ②

Adjektive	Verben
quadratisch	…
…	

③ Schreibe mindestens fünf Sätze.
Verwende Wörter mit Qu/qu.

Heft 2, S. 21 ③
…

bequem
die Qual
quälen
der Quatsch
quer
das Quiz

V/v wird unterschiedlich gesprochen:
V/v wie f, z. B. viel, bevor   V/v wie w, z. B. Vase, Advent.
Wörter mit V/v sind **Merkwörter**.

① Lies die Wörter mit V/v einem Partnerkind vor.
Ersetze die Bilder durch die passenden Wörter.

Vase | Pullover | Vanilleeis | Villa | Vampir | Viper | Vögel

② Schreibe die Wörter geordnet auf.
grün = Wörter, bei denen das V/v wie f gesprochen wird
braun = Wörter, bei denen das V/v wie w gesprochen wird

Heft 2, S. 22 ②
voll, ...
Virus, ...

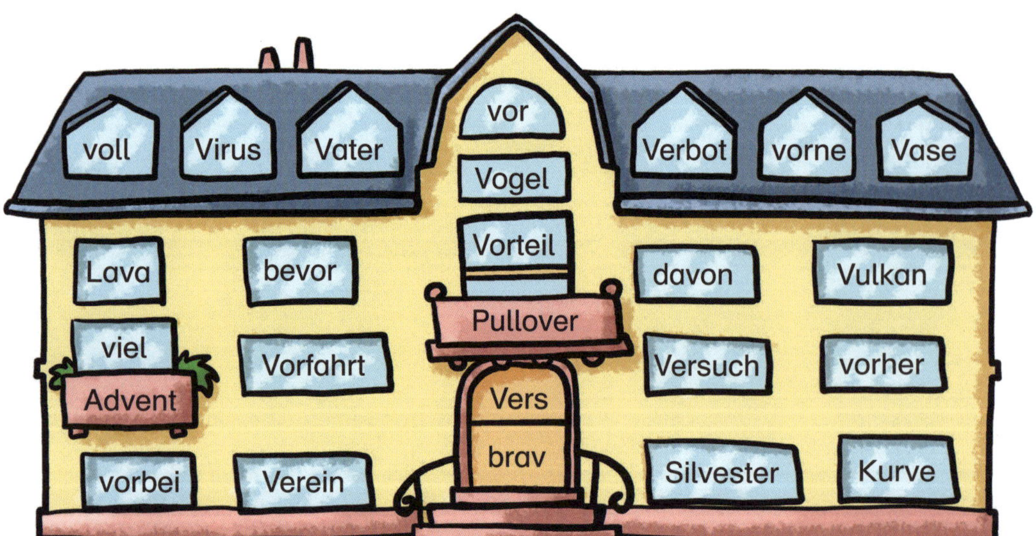

M davor
der Detektiv
das Interview
verbieten
der Vorschlag
vorsichtig

Lernportion 3: Besondere Laute

Plenum: die Lautqualität von V/v durch Gegenüberstellen beschreiben und unterscheiden
MK-Tipp: eine Liste mit Wörtern mit V/v am Computer erstellen

1 Ordne die Namen der Tiere den passenden Fotos zu.

der Fuchs | die Eidechse | der Lachs | der Ochse | der Luchs | der Dachs

Heft 2, S. 23 ①
A: der Ochse
B: ...

A

B

C

D

E

F

2 Setze die Wörter passend ein.
Schreibe den Text vollständig auf.
Markiere chs.

Gewächshaus | wachsen | auswechseln | sechs | Fuchs | Bienenwachs

Heft 2, S. 23 ②
In der Gärtnerei
Herr Fuchs arbeitet ...
...

In der Gärtnerei

Herr ___ arbeitet in der Gärtnerei.

Er muss das Wasser in den Blumenvasen ___.

Außerdem gießt er die Pflanzen im ___.

Die Pflanzen ___ ganz schön schnell!

Er verkauft auch Kerzen aus ___.

Eine Kerze kostet ___ Euro.

M aufwachsen
das Gewächs
wachsen

auswechseln
die Verwechslung
wechseln

Der ks-Laut kann auf verschiedene Weise geschrieben werden: als **ks**: Keks, als **x**: Axt, Nixe, als **cks**: Klecks, als **chs**: wechseln, Fuchs.

① Lies den Text und löse die Aufgaben.

Eine exotische Mixtur

Professor Xaver Sulfur stellt eine neue Mixtur her. Für dieses Experiment braucht er neben zahlreichen Chemikalien auch einige exotische Zutaten, die er exakt abmisst: zehn Gramm Kaviar vom Lachs, etwas Eidechseneierschale, sechs Haare vom Dachs, einen Milchzahn vom Fuchs, zwanzig Tropfen Bienenwachs und drei Becher Ochsenfladenpulver. Es riecht wie in einer Hexenküche. Sein Kater kommt mucksmäuschenstill in die Küche geschlichen, schnuppert und läuft schnurstracks wieder hinaus. Der Professor gilt auf dem Gebiet der Mixturen als Experte. Dennoch überprüft er die Rezeptur noch einmal mit Hilfe eines Lexikons, damit die Mischung nicht explodiert.

a) Schreibe alle Wörter auf, in denen Tiere mit chs vorkommen.

b) Schreibe das Zahlwort mit chs auf.

c) Schreibe mindestens fünf Wörter mit x auf.

d) Finde im Text ein anderes Wort für **genau**.

e) Finde im Text ein anderes Wort für **ganz leise**.

f) Finde ein weiteres Wort mit cks.

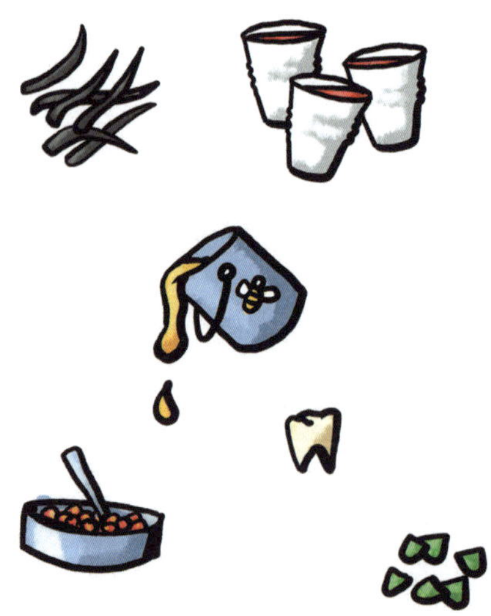

Nach einem **kurzen Vokal** (a, e, i, o, u) folgen meistens **zwei oder mehr Konsonanten**:
- verschiedene Konsonanten: die Zukunft, winzig oder
- zwei gleiche Konsonanten: der Himmel, nass.

Nach einem **langen Vokal** folgt meist nur **ein Konsonant**:
die Rose, das Gras.

① Schreibe die Wörter ab.
Kennzeichne den kurzen Vokal mit einem Punkt.
Markiere die folgenden Konsonanten.

Heft 2, S. 25 ①
Axt, elf, …

Axt | elf | nett | satt | jung | wild
krank | links | Frucht | Schloss | Welt

② Schreibe alle Wörter mit einem langen Vokal auf.
Kennzeichne den langen Vokal mit einem Strich.

Heft 2, S. 25 ②
Oma, …

③ Schreibe die Sätze ab und ergänze das passende Wort. Kennzeichne in dem eingesetzten Wort den kurzen oder langen Vokal.

Heft 2, S. 25 ③
A: Die Katze liegt vor dem warmen Ofen.
B: …

offen ✶ Ofen | Hacken ✶ Haken | Kamm ✶ kam

A Die Katze liegt vor dem warmen ___.
B Malik hängt seine Jacke an den ___.
C Frau Sommer ___ heute zu spät zum Unterricht.

1 Setze die fehlenden doppelten Konsonanten ein.
Sortiere die Wörter.
Schreibe wie im Beispiel.

Ho☆y | Ta☆e | do☆elt | Nu☆ | ho☆en

kra☆eln | Anpfi☆ | Bä☆e | ö☆nen

Mi☆e | kapu☆ | Gru☆e | E☆e | Ti☆

begi☆en | Schme☆erling

Ma☆ | bi☆ig

Heft 2, S. 26 ①
bb: Hobby, …
ff: …
ll: …
nn: …
pp: …
tt: …

Nach einem kurzen Vokal stehen oft zwei gleiche Konsonanten.

2 Findet zu den Silbenbögen passende Wörter mit doppeltem Konsonanten.
Ihr könnt die Wörterliste nutzen.

Heft 2, S. 26 ②
Nomen: Koffer, …
Adjektive: schlapp, …
Verben: klettern, …

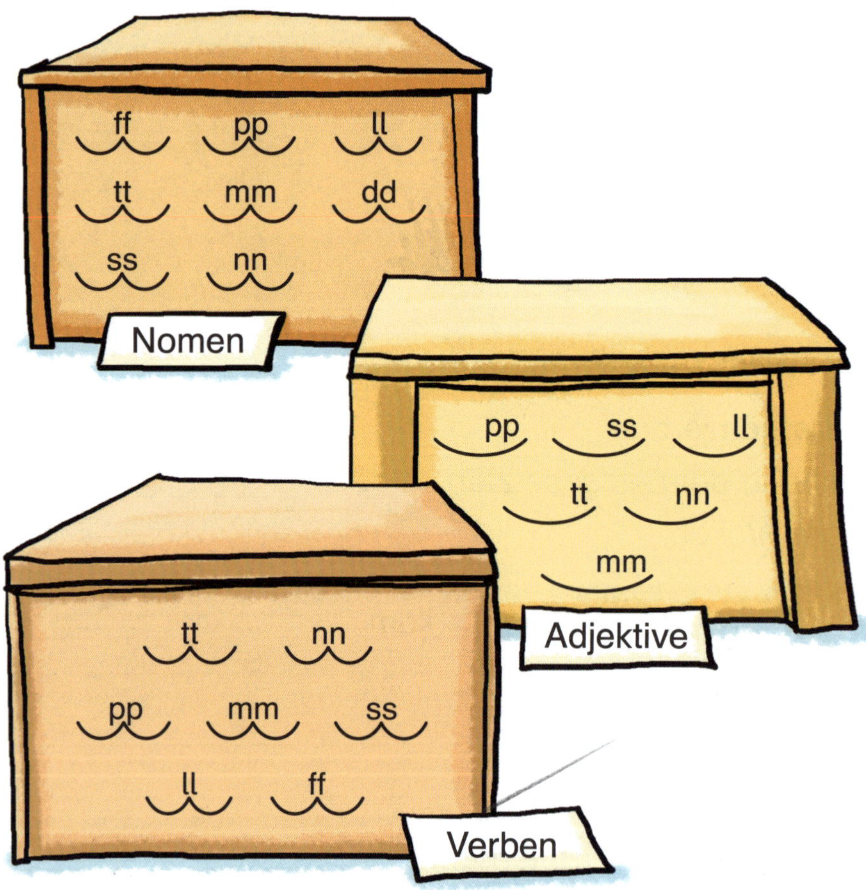

die Brille
fressen
gewinnen
die Nummer
sammeln
der Schatten

① Lest und ergänzt die Zungenbrecher.

Wenn hinter Robben Robben robben, robben Robben Robben nach.

Wenn hinter Rollen … | Wenn hinter Grillen … | Wenn hinter Spinnen …

② Schreibe die sechs Wörter mit einem kurzen Vokal wie im Beispiel auf.

Heft 2, S. 27 ②
Brille, …

③ Wähle sechs Wörter aus. Schreibe je einen Satz.

Heft 2, S. 27 ③
Am Nachmittag …

treffen | Fußball | gefallen | Schwimmbad | Löffel | Nachmittag | Pudding | Mannschaft | zusammen

④ Wählt zwei Wörter aus und führt dazu ein Rechtschreibgespräch. Nutzt dazu die Anleitung von Seite 19.

Sonnenbrille | Mittagessen | Nussschale | Vogelfutter | Feuerqualle | Handball

das Bett
dumm
fett
der Fluss
glatt
die Hummel

4 Wörter mit **ck** schreiben

Nach einem kurzen Vokal steht nicht kk, sondern ck:
der Wecker, backen, dreckig.

1. Finde die Reimwörter und schreibe sie auf.
   Kennzeichne die kurzen Vokale und markiere ck.

Heft 2, S. 28 ①
backen, verpacken, …
…

backen
verpacken
die Zacken
die J

der Rücken
pfl
dr
die M

entdecken
schm
w
die Schn

die Locken
h
tr
die S

nicken
zw
bl
str

2. Bilde mindestens zehn Wörter mit eck
   und schreibe sie auf.
   Kennzeichne den kurzen Vokal und markiere ck.

Heft 2, S. 28 ②
Hecke, schlecken, …

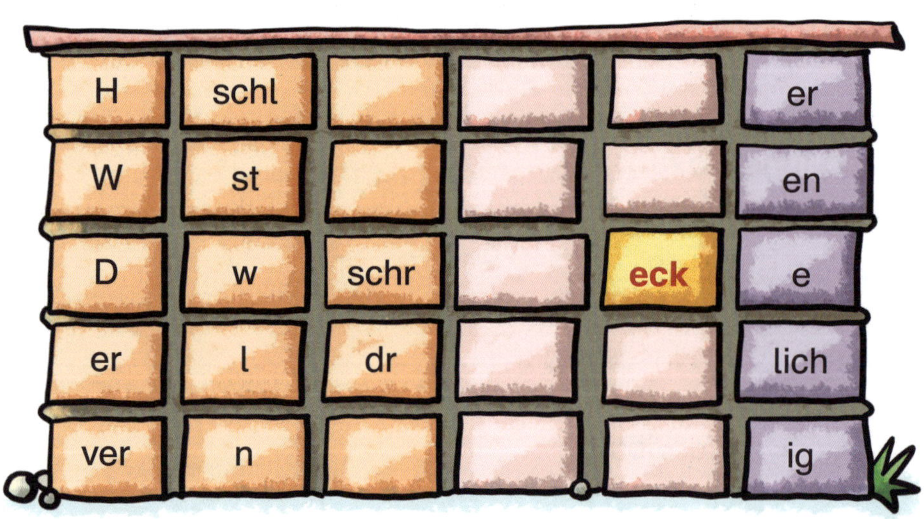

dick
drucken
entdecken
das Glück
packen
der Schreck

Nach einem kurzen Vokal steht nicht zz, sondern tz: die Katze.

① Würfle und wähle eine der beiden Aufgaben, die zu deiner Augenzahl passen. Löse mindestens vier Aufgaben.

Hitze ✶ Mütze ✶ jetzt ✶ Pfütze ✶ Spatz ✶ spitz ✶
letzter ✶ Satz ✶ nützen ✶ Witz ✶ Platz ✶ trotzig ✶
witzig ✶ Nutzen ✶ setzen ✶ Katze ✶ Verletzung ✶
zuletzt ✶ sitzen ✶ besetzt ✶ Spitze ✶ Schatz ✶
kratzen ✶ schützen ✶ schwitzen ✶ Blitz ✶ spritzen

Heft 2, S. 29 ①
⚀ nützen, ...
oder
⚀ kratzen, ...

⚀ Schreibe alle Verben mit tz auf. Kennzeichne den kurzen Vokal.

⚁ Schreibe alle Nomen mit tz auf. Kennzeichne den kurzen Vokal.

⚂ Schreibe alle einsilbigen Wörter heraus.

⚃ Ordne alle Nomen nach dem Alphabet. Kennzeichne den kurzen Vokal.

⚄ Schreibe fünf Reimwortpaare mit tz auf.

⚅ Schreibe aus dem Gedächtnis möglichst viele tz-Wörter auf.

⚀ Ordne alle Verben nach dem Alphabet. Kennzeichne den kurzen Vokal.

⚁ Schreibe einen Unsinnssatz mit möglichst vielen tz-Wörtern.

⚂ Schreibe zehn tz-Wörter auf. Gestalte das tz besonders (groß, winzig, bunt, verschnörkelt ...).

⚃ Schreibe ein kurzes tz-Gedicht.

⚄ Male ein Bild, auf dem viele tz-Wörter zu sehen sind.

⚅ Schreibe alle Adjektive mit tz auf. Kennzeichne den kurzen Vokal.

der Blitz
das Gesetz
die Hitze
der Satz
der Schatz
spitz

Wörter mit **doppeltem Konsonanten** trenne ich wie beim Silbensprechen **zwischen den Konsonanten**: Pup-pe, mes-sen.
Wörter mit tz trenne ich zwischen t und z: blit-zen, put-zen.
Aber: Wörter mit ck trenne ich nach dem kurzen Vokal.
c und k bleiben immer zusammen: we-cken, Ja-cke.

① Bilde aus den Anlautbildern Wörter.
Schreibe sie mit Trennstrichen auf.

A 

B 

C 

D 

E 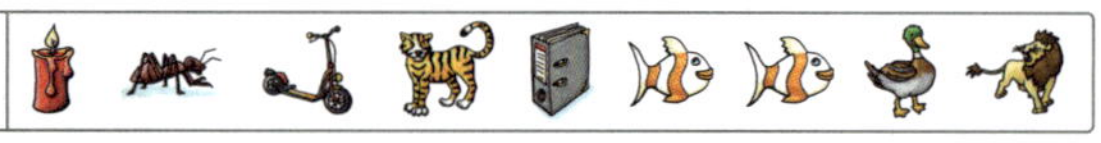

F 

Heft 2, S. 30 ①
A: Flüs-se B: ...

② Setze die Silben zu Nomen zusammen.
Schreibe die Nomen mit Trennstrichen auf.

ma trat ze Luft

ze tat Kat zen

ding sel Pud schüs

cker cke Zu schne

Heft 2, S. 30 ②
Luft-ma-trat-ze,
...

③ Lies den Text. Schreibe die Dinge, die Lisa einkaufen soll, mit Trennstrichen auf.

Heft 2, S. 30 ③
But-ter, ...

Lisa geht einkaufen

Lisa soll einkaufen gehen. Mama hat ihr aufgeschrieben, was sie mitbringen soll. Sie brauchen Butter, Haferflocken, Zucker und Knäckebrot. Außerdem soll Lisa noch Vanillepudding, Pfeffer und Katzenfutter für Krümel kaufen. Beim Bäcker darf Lisa sich noch eine Zimtschnecke holen.

So schreibe ich ein Partnerdiktat

1. Ich diktiere einem anderen Kind langsam und deutlich jeden Abschnitt eines Satzes.
2. Wenn der Text vollständig aufgeschrieben ist, kontrollieren wir gemeinsam Silbe für Silbe.
3. Wir prüfen, ob die Satzanfänge großgeschrieben sind und ob die Satzzeichen stimmen.
4. Mein Partnerkind verbessert, wenn nötig.
5. Zum Schluss tauschen wir die Rollen.

(1) Schreibt ein Partnerdiktat.
Wählt dazu einen der Texte aus.

Heft 2, S. 31 ①
...

A Ein nasses Vergnügen |

Wenn du im Sommer | vor Hitze schwitzt, |
machen Wasserspiele | riesigen Spaß. |
Ihr könnt | große und kleine Schwämme |
in einen Wassereimer legen. | So saugen sie sich voll. |
Werft euch | die klatschnassen Schwämme |
gegenseitig zu. | Fängt man den Schwamm, | spritzt es |
und es bleibt bestimmt | kein Kleidungsstück trocken.

B Gewitter |

Gerade im Sommer | kommt es häufig | zu einem Gewitter. |
Dicke, dunkle Wolken | hängen am Himmel |
und plötzlich | zucken helle Blitze auf. |
Kurz darauf folgt der Donner. | Meist beginnt es dann |
heftig zu regnen | und ein stürmischer Wind |
zerrt an Ästen und Blättern.

1 Findet in jeder Reihe das Wort, das nicht passt. Begründet.

spucken * stricken * spuken * drucken

Schal * Schall * Schale * Schaf

Kette * Wetter * retten * kneten

Hitze * Heizung * schwitzen * Witze

2 Wählt zwei Wörter aus und führt dazu ein Rechtschreibgespräch.
Nutzt die Anleitung von Seite 19.

Flüssigkeit | Jackenärmel | Schwimmbad | Klassenausflug

3 Die roten Wörter im Text sind Fremdwörter.
Besprecht, was euch an diesen Wörtern auffällt.

Milan ist mit seiner Familie beim Italiener. Er bestellt eine Pizza mit Brokkoli. Seine kleine Schwester hat sich Makkaroni mit Tomatensoße und Mozzarella ausgesucht. Auf der Speisekarte sieht man eine Skizze des Schiefen Turms von Pisa. Während sie auf das Essen warten, machen Milan und seine Schwester ein Puzzle. Am Nachbartisch klingelt ständig ein Handy. „Hoffentlich ist der Akku bald leer“, stöhnt Mama.

4 Schreibe mit jedem Fremdwort aus 3 einen eigenen Satz.

Heft 2, S. 32 ④
...

① Schreibe die Buchstaben mit ihrem Vorgänger und Nachfolger auf.

☆ I ☆	☆ O ☆	☆ U ☆	☆ E ☆	☆ B ☆

Heft 2, S. 33 ①
H I J, ...

② Schreibe die Nomen nach dem Alphabet geordnet auf.

Ernte	Burg	Dorf	Licht	Ort	Jäger
Heldin	Fichte	König	Musik	Schluss	
Nest	Punkt	Uhr	Traum	Zeit	Idee

Heft 2, S. 33 ②
Burg, ...

③ Schreibe die Wörter nach dem Alphabet geordnet auf.

1 alt, arm, albern, allein

2 brav, billig, blass, blind

3 erleben, erschrecken, entwickeln, erlauben, entdecken

Heft 2, S. 33 ③
1: albern, ...

④

entfernen
die Entfernung
entwickeln
die Entwicklung
ernähren
die Ernährung

Im Wörterbuch stehen die Wörter nach dem Alphabet geordnet.
Zuerst steht **fett gedruckt** das **Hauptstichwort**,
dahinter stehen manchmal noch Nebenstichwörter:
die **Fabel**, die Fabeln, fabelhaft, fabulieren.

① Sieh dir die Wörterbuchseite an.
Antworte in ganzen Sätzen.

Fa – Fa

A B C D E **F** G H I J K L M N O P Q R S T U V W X Y Z

F f

die **Fa|bel,** die Fabeln, fabelhaft, fabulieren — Hauptstichwort
die **Fa|brik,** die Fabriken, der Fabrikant — Silbentrennung
fa|bri|zie|ren, die Fabrikation
das **Fach,** die Fächer, fachlich
der **Fä|cher,** die Fächer, fächeln
die **Fa|ckel,** die Fackeln
fa|de/fad (Es schmeckt nach nichts.)
der **Fa|den,** die Fäden
fä|hig, die Fähigkeit — Nebenstichwort
fahn|den, die Fahndung
die **Fah|ne,** die Fahnen
fah|ren, sie fährt, — Personalform
er fuhr, ist gefahren, — Vergangenheitsform
die Fähre, die Fahrt, der Fahrer, das Fahrzeug
fahr|läs|sig
das **Fahr|rad,** die Fahrräder, Fahrrad fahren — Mehrzahl
fair, die Fairness — Artikel
der **Fakt,** die Fakten (Tatsache), faktisch
der **Fak|tor,** die Faktoren
der **Fall,** die Fälle, auf jeden Fall, jedenfalls, notfalls

96

Heft 2, S. 34 ①
a) Fett gedruckt ist ...
b) Hinter jedem Nomen steht ...
c) Hinter dem Verb stehen ...
d) ...

a) Was ist immer fett gedruckt?

b) Was steht hinter jedem Nomen?

c) Welche Formen stehen hinter dem Verb?

d) Schreibe das Wort mit den meisten Nebenstichwörtern auf.

e) Schreibe drei Nomen mit der Mehrzahlform auf.

Wenn ich wissen möchte, wie die Mehrzahl eines Nomens lautet, sehe ich im Wörterbuch beim Hauptstichwort in der **Einzahl** nach:
Mäuse finde ich unter Maus.

1. Suche zu jedem Nomen die Mehrzahlform. Schreibe die Wörter und die Seitenzahlen auf.

das Dorf * das Fest * der Flur *
der Fluss * das Handy * das Hemd *
der Käfig * das Land * der Rand

Heft 2, S. 35 ①
das Dorf – die Dörfer, S. ...
...

2. Suche das Einzahlwort im Wörterbuch und schreibe wie im Beispiel.

Heft 2, S. 35 ②
die Blöcke – der Block, S. ...
...

die Blöcke | die Wälder | die Büsche
die Häute | die Käfer | die Häfen | die Mütter | die Städte | die Körner

3. Bilde jeweils das Einzahlwort und ordne es alphabetisch in den richtigen Kasten ein.

Heft 2, S. 35 ③
1: Geflügel, Gefühl, gegen
2: ...

Gefühle | Gesetze | Gruppen | Geschenke

1 Geflügel ☐ gegen
2 gescheit ☐ Geschichte
3 grunzen ☐ grüßen
4 Gesellschaft ☐ Gesicht

der Gott – die Götter
das Land – die Länder
der Wind – die Winde

5 Verbformen im Wörterbuch finden

Verschiedene **Verbformen** finde ich im Wörterbuch immer bei der **Grundform**:
er isst steht bei essen und
er rannte steht bei rennen.

① Suche die Vergangenheitsform der Verben im Wörterbuch. Schreibe wie im Beispiel.

Heft 2, S. 36 ①
dürfen – er durfte, …

Die Vergangenheitsform eines Verbs steht auch bei der Grundform.

② Bilde die Grundform der Verben und suche diese im Wörterbuch. Schreibe die Wörter und die Seitenzahlen auf.

es riecht	er friert	sie streitet
er frisst	es brennt	sie schiebt
sie sieht	er beißt	es donnert

Heft 2, S. 36 ②
es riecht – riechen, S. …

messen – er maß
rennen – sie rannte
schweigen – er schwieg

5 Zusammengesetzte Nomen nachschlagen

Zusammengesetzte Nomen zerlege ich in ihre Bestandteile und schlage diese Wörter **einzeln** im Wörterbuch nach:
das Frachtschiff: die Fracht + das Schiff,
der Liegeplatz: liegen + der Platz.

(1) Die markierten Nomen sind falsch geschrieben. Zerlege sie in Einzelwörter. Überprüfe diese mit dem Wörterbuch und schreibe wie im Beispiel.

Heft 2, S. 37 ①
das Kreuz + die Fahrt + das Schiff =
das Kreuzfahrtschiff
...

Im Hamburger Hafen kannst du neben Kreutzfahrtschiffen auch viele Frachtschiffe entdecken. Manche sind über hundert Meter lang. Deshalb nennt man sie auch Ozianriesen. Sie transportieren Container mit Computern, Spielzeuk und Kleidungsstücken. Obstkissten, Getreide oder Kaffebohnen werden auf Frachtschiffe mit riesigen Laderäumen geladen. Kleine Schleperboote ziehen und schieben die Frachtschiffe an ihren Liegeplaz.

(2) Bildet Wörterketten mit zusammengesetzten Nomen.

Lernportion 5: Wörter nachschlagen

Plenum: sich über das Finden verschiedener Wortformen im Wörterbuch austauschen, z. B. Mehrzahlformen, Verbformen oder zusammengesetzte Nomen

A-Z

① Verfolge die Linien mit dem Finger und schreibe die Wörter geordnet nach ihrer Herkunft auf.

Heft 2, S. 38 ①
Englisch: Jeans, ✓ …
Französisch: Baguette, ✓ …

Die Römer in Italien sprachen früher Latein. Viele unserer Wörter kommen aus dieser Sprache.

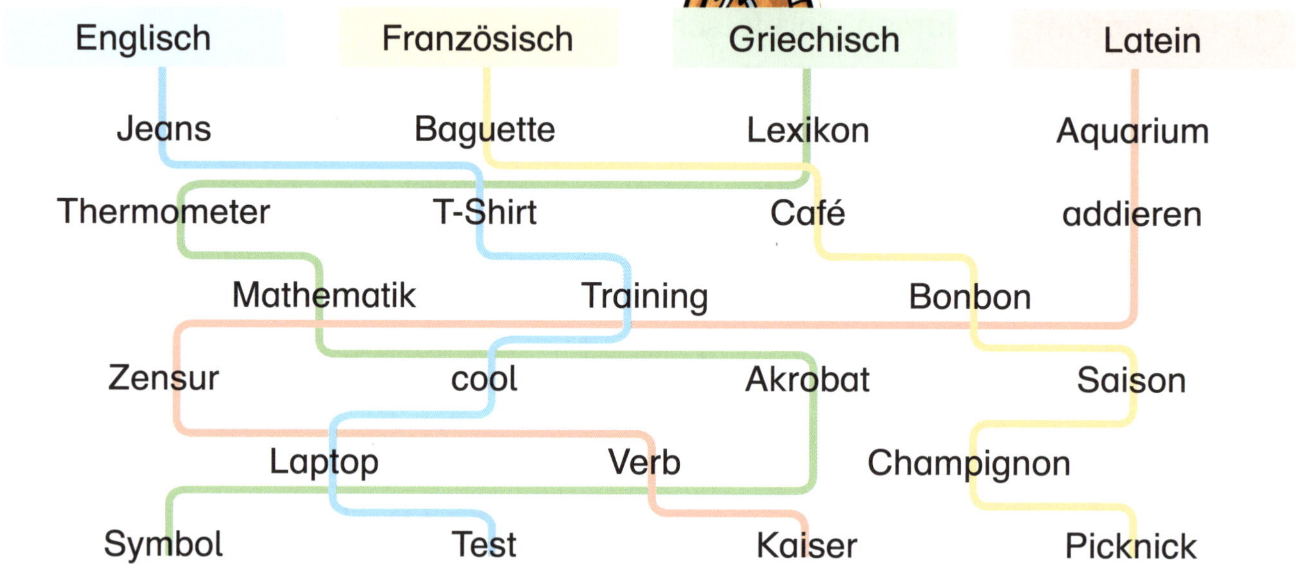

② Suche das Fremdwort mit derselben Bedeutung im Wörterbuch.

Musikgruppe	=	Ba☆☆
kräftig rosa	=	p☆☆☆
Versuch	=	Ex☆☆☆☆☆☆☆☆
Beifall	=	Ap☆☆☆☆☆

Heft 2, S. 38 ②
Musikgruppe = …
…

③ Suche das Fremdwort und seine Bedeutung im Wörterbuch.
Erkläre die Bedeutung mit eigenen Worten.

Meteor | Globalisierung | inkognito

Heft 2, S. 38 ③
Ein Meteor ist …
…

① Lies den Text und schlage die markierten Wörter im Wörterbuch nach. Schreibe sie richtig auf.

Heft 2, S. 39 ①
der Hit, ...

Datei Bearbeiten Ansicht Einfügen Format Vorlagen Tabelle Formular Extras Fenster Hilfe

Das Schulfest am letzten Samstag war der Hitt. Bei stralendem Sonnenschein waren mehr als dreihundert Leute gekommen, um gemeinsam das Jubileum der Sonnenschule zu feiern. Vor genau fünfzig Jahren wurden hier nähmlich die ersten Erstklässler eingeschult. Die Klassen hatten abwechslungsreiche Vorführungen, lustige Spiele, verschiedene Bastelstazionen und viele leckere Schpezialitäten aus allen Ländern vorbereitet. Das ganze Schulgebäude war überall festlich dekoriert. Der Höhepunkt des Tages war aber die Klassenolimpyade. Alle Schülerinnen und Schüler trafen sich zu einem fairen Wettkampf im Torwandschießen, Froschweitsprung und Drachenlauf. Bei dieser Distziplin gelang es der Klasse 4b unter den Anfeuerungsrufen der Fans die Konkurenz hinter sich zu lassen. Bei der Gesamtwertung erzielte jedoch die Klasse 3a das beste Ergebnis und durfte den Pockal in Empfang nehmen. Danach halfen alle Eltern, Kinder und Lehrkräfte beim Aufräumen.

Die Rechtschreibkontrolle des Computers zeigt an, dass einige Wörter falsch geschrieben sind.

Lernportion 5: Wörter nachschlagen

Plenum: sich darüber austauschen, wie die Rechtschreibkontrolle im Computer bei der Verbesserung der Rechtschreibung hilft
MK-Tipp: einen eigenen Text am Computer schreiben und die Rechtschreibung prüfen lassen

Wenn du am **Computer** schreibst, bekommst du **Vorschläge** von der **Rechtschreibkontrolle**, wenn du ein Wort falsch geschrieben hast. Du kannst die Vorschläge zur Korrektur nutzen und musst nicht im Wörterbuch nachschlagen.

① Lest den Text mit den Fehlern.
Besprecht, welche Korrekturvorschläge ihr auswählen würdet.

Flüsse und Kanele, die mit Booten befahren werden können, nennt man Wasserstraßen. Lange Zeit waren sie die einzige Möglichkeit, um Waren über weite Strecken zu transpotieren. Erst mit der Erfindung der Eisenbahn und dem Bau der fielen Bahnstrecken wurden beqemere Transportwege geschaffen. Zuvor mussten die Menschen oft lange und mühsame Fußmärsche auf dich nehmen.

Kaneel
Zimt

Kamele
Dromedare, Reittiere, Trampeltiere

Kanäle
Wasserstraßen, Zuflüsse, Wasserw...

transportieren
befördern, senden, hinaustragen

transponieren
ändern

bequemere
angenehmere, komfortablere, lan...

bequemerer
angenehmerer, komfortablerer, la...

bequemeren
angenehmeren, komfortableren, l...

② Die Rechtschreibkontrolle hat zwei Fehler nicht erkannt.
Findet sie und überlegt, warum die Wörter nicht markiert wurden.

Ⓜ

① Schreibe die Nomen mit ihrem Artikel auf.

Heft 2, S. 41 ①
die Saat, ...

② Ersetze die Symbole durch doppelte Vokale.
Schreibe die Nomen mit ihrem Artikel auf.

d♥♥f Erdb▲▲re W●●ge B▲▲t

M▲▲r P●●r M♥♥s l▲▲r St●●t

Z♥♥ T▲▲r S●●l M♥♥r Kl▲▲

Heft 2, S. 41 ②
doof, ...

③ Ergänze die Reimwörter und schreibe den ganzen Satz ins Heft. Markiere die Reimwörter.

A Die Moschee liegt an einer  .

B Im Winter liegt am  jede Menge  .

C Im Mäusehaar sitzt ganz verliebt ein  .

D Morgens trinkt die müde Fee zum Frühstück einen  .

Heft 2, S. 41 ③
A: Die Moschee liegt
an einer Allee.
B: ...

④

M die Beere
das Haar
die Idee
das Paar
der See
der Zoo

Viele Wörter werden nach einem langen Vokal oder Umlaut mit h geschrieben. Dieses h kann man nicht hören, es ist ein **stummes h**.
Das **stumme h** steht oft vor l, m, n und r:
wühlen, zahm, Bahn, ohne, fahren.
Wörter mit **stummem h** sind **Merkwörter**.

1. Ordne jeder Wortfamilie ein Nomen, ein Verb und ein Adjektiv zu. Unterstreiche den Wortstamm.

Heft 2, S. 42 ①
fühlen – das Gefühl, …
…

fühlen | **wählen** | **wohnen** | **lehren** | **fehlen** | **fahren**

das Gefühl | wählbar | die Wohnung | anfühlen
fehlerfrei | die Wahl | der Lehrer | gefühlvoll | wohnlich
der Fehler | vorfahren | lehrreich | bewohnen | belehren
auswählen | verfehlen | befahrbar | das Fahrrad

2. Suche zu den Bildern passende Reimwortpaare. Schreibe sie mit ihrem Artikel auf.

Heft 2, S. 42 ②
der Mohn – der Sohn
…

M = S

F = S

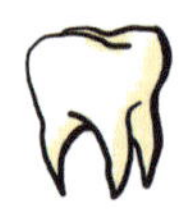
Z = K

M = Str

M = St

H = B

M

③ Finde zu jedem Nomen ein verwandtes Verb oder Adjektiv, das in den Text passt. Schreibe den Text vollständig auf.

Heft 2, S. 43 ③
Ferien bei Oma
Emil summt ein
fröhliches Lied …

Fröhlichkeit	Wohnung	Erzählung
Wahrheit	Belohnung	Gefühl

Ferien bei Oma

Emil summt ein ▢ Lied vor sich hin.

Er freut sich auf die Ferien, denn dann darf er zwei Wochen bei Oma ▢.

Oma ▢ oft von ihrer Kindheit und erfindet manchmal etwas hinzu.

Dann muss Emil erraten, ob die Geschichte ▢ ist.

Oft hilft Emil Oma bei der Arbeit im Garten. Nach der Arbeit ▢ sich die beiden mit einem Eis.

Emil ▢ sich glücklich, wenn er an die Ferien mit Oma denkt.

④ Lass dir von einem Partnerkind die Sätze vorlesen. Schreibe aus jedem Satz nur das Wort mit stummem h auf.

Heft 2, S. 43 ④
A: Höhlen
B: …

A In der Steinzeit lebten die Menschen in Höhlen.

B Es gab dort weder Tische noch Stühle.

C Sie wohnten in kleinen Gruppen zusammen.

D Die Ernährung bestand aus Fleisch, Fisch, Beeren und Pilzen.

E Die Jagd auf Mammuts und Bären war gefährlich.

F Häufig liefen die Jäger ohne Beute wieder zurück.

G Daher fehlte es gerade im Winter an Essen.

M ähnlich
der Draht
früh
führen
die Gefahr
während

6 Merkwörter mit lang gesprochenem i ordnen

Ⓜ

Nur wenige Wörter mit **lang gesprochenem i** schreibe ich mit i:
Kino, wir, mir, dir. Diese Wörter sind **Merkwörter**.

① Schreibe den Text ab.
Markiere die Merkwörter mit langem i.

Heft 2, S. 44 ①
Auf Leas Einkaufsliste …

Auf Leas Einkaufsliste |
stehen folgende Artikel: |
Mandarinen, |
drei Liter Orangensaft, |
zweihundert Gramm Rosinen, |
Margarine, |
ein Brot |
und ein Kilogramm Apfelsinen. |
Für Papas Cousine | packt Lea | noch eine Schachtel Pralinen ein. |
Für sich kauft Lea | eine Kiwi.

② Sortiere die Wörter nach ihrer Silbenzahl.
Markiere in jeder Silbe den Silbenkern.
Zeichne Silbenbögen.

Kino ✶ mir ✶ prima ✶ Gardine ✶
Klinik ✶ lila ✶ Lawine ✶ Kabine ✶
Maschine ✶ minus ✶ Medizin ✶
Clementine ✶ wir ✶ Olive ✶ Virus ✶
Tiger ✶ Nektarine ✶ dir ✶ Kamin ✶
Detektiv ✶ Musik ✶ Kiwi ✶ Biber ✶
Vampir ✶ Krokodil ✶ Igel

Heft 2, S. 44 ②
eine Silbe: …
zwei Silben: Kino …
drei Silben: …
vier Silben: …

M der Igel
das Kino
die Maschine
die Musik
der Tiger
der Vampir

① Setze die fehlenden Buchstaben ein.
Schreibe die Reimwörter auf.

F☆ß Gr☆☆ R☆☆	b☆☆ß☆☆ r☆☆☆☆☆ h☆☆☆☆☆	g☆☆ß☆☆ fl☆☆☆☆☆ schl☆☆☆☆☆	Fl☆ß bl☆☆ gr☆☆

Heft 2, S. 45 ①
Fuß, Gruß, ...
...

② Löse das Rätsel.

A=1 / B=2 / C=?

Beispiel: 8.5.9.ß heiß

19.20.18.1.ß.5 | 23.5.9.ß | 19.16.1.ß

19.20.18.1.21.ß | 4.18.1.21.ß.5.14

19.15.ß.5 | 6.12.5.9.ß.9.7

Heft 2, S. 45 ②
heiß, ...

③ Schreibe den Text in dein Heft.
Setze dabei Wörter aus ① und ②
in der passenden Form ein.

Lisas Kater ☐ Krümel. Am liebsten
ist er ☐ im Garten. Doch wenn er Lisa sieht,
streicht er ihr zum ☐ um die Beine.
Sein ☐ Fell mag Lisa gern. Sie hat mit ihm viel ☐.
Leider ist Krümel auch ein Tollpatsch.
Manchmal wirft er die Vase mit dem ☐ um,
☐ mit seinen Krallen an den Vorhängen
oder stolpert gegen die Kanne mit der ☐.
Doch er ☐ Lisa nie.

Heft 2, S. 45 ③
Lisas Kater heißt ...

M der Fleiß – fleißig
der Gruß – grüßen
die Süßigkeit – süß

Nomen schreibe ich **groß**. An diesen Merkmalen erkenne ich sie:
1. Ich kann einen **Artikel** vor das Wort setzen: **der** Hund.
2. Ich kann die **Mehrzahl** bilden: der Hund – die Hunde.
3. Ich kann ein **Adjektiv** vor das Nomen setzen: der kleine Hund.

Wenn mindestens zwei Merkmale zutreffen, ist das Wort ein Nomen.

① Überprüfe die Wortart.
Schreibe nur die Nomen in der Einzahl und in der Mehrzahl mit ihrem Artikel auf.

Heft 2, S. 46 ①
die Möwe – die Möwen, ...

MÖWE ✶ PASSIERTE ✶ KOMPASS ✶ STÜRMISCH ✶ SEGELT ✶ GEWÄSSER ✶ FLOSSE ✶ DÜNE ✶ FLUT ✶ WINDIG ✶ TAUCHT ✶ SURFBRETT ✶ KÜSTE ✶ WUNDERBAR

② Finde die elf Nomen im Text.
Schreibe sie in der Einzahl und in der Mehrzahl mit ihrem Artikel auf.

Heft 2, S. 46 ②
Bente – Name
der Urlaub – die Urlaube
...

BENTE LIEBT URLAUB AN DER OSTSEE.
MIT IHREM BRUDER FINN MACHT SIE
GERN WANDERUNGEN AM STRAND.
DANN SAMMELN SIE STEINE
UND MUSCHELN.
HÄUFIG GIBT ES HOHE WELLEN.
DIE STRÖMUNG IST OFT STARK.
DAS IST GEFÄHRLICH.

Satzanfänge schreibe ich **groß**: Die Feuerwehr hat viele Aufgaben.

① Verfolge die Sätze mit dem Finger.
Schreibe die vier Sätze mit ihren Satzzeichen richtig auf.

Heft 2, S. 47 ①
Mein Vater …

② Schreibe den Text richtig ab.
Schreibe die Nomen und Satzanfänge groß und markiere sie.

Heft 2, S. 47 ②
Die Feuerwehr hat …

die feuerwehr hat viele aufgaben. ihre wichtigste aufgabe ist es, feuer zu löschen. die feuerwehr hilft aber auch, wenn ein unfall passiert ist. dann rettet sie die verletzten. sie beseitigt auch die schäden nach einem unwetter, sie pumpt keller leer und räumt umgestürzte bäume von der straße.

③ Schreibe den Text richtig auf.
Setze die Punkte an die passenden Stellen.

Heft 2, S. 47 ③
Der Bäcker backt. Die …

Der Bäcker backt die Kinder unterrichtet die Lehrerin die Patienten untersucht die Ärztin die Bücher schreibt der Autor

Die Namen der **Wochentage**, **Monate** und die **Zeiteinheiten** schreibe ich **groß**: Dienstag, Januar, Stunde, Jahr, Monat.
Ich erkenne sie an einem **Begleitwort**: **am** Abend, **im** Mai, **drei** Tage.

1. Schreibe nur die Zeitangaben auf, die ein Nomen enthalten.

EINE STUNDE ✶ ZWANZIG MINUTEN ✶ AM NACHMITTAG ✶ GESTERN ✶ SPÄT ✶ JEDEN MONTAG ✶ NIEMALS ✶ FRÜHER ✶ IM WINTER

Heft 2, S. 48 ①
eine Stunde, ...

2. Setze die Nomen richtig ein. Schreibe erst das Wort mit dem Artikel und dann den passenden Satz auf.

A Am ▢ trinke ich eine warme Milch.
B Jeden ▢ ziehe ich mich an.
C Ich habe im ▢ Geburtstag.
D 1000 Meter schwimme ich in einer halben ▢.
E Am ▢ gehe ich zu einem Geburtstag.
F Meine kleine Schwester ist fünf ▢ alt.

Heft 2, S. 48 ②
A: der Abend –
Am Abend trinke ich ...
B: ...

DIENSTAG | MÄRZ | ABEND | STUNDE | MORGEN | JAHRE

3. Schreibe fünf Sätze über dich auf. Du kannst die Zeitangaben nutzen.

jeden Tag | nächstes Jahr | im Mai | um sieben Uhr | in den Sommerferien | im Frühling | am Wochenende

Heft 2, S. 48 ③
Ich stehe um sieben Uhr auf. ...

> In Briefen an Freunde oder Verwandte benutze ich die **Anredepronomen**
> du, dein, dich, euch, ihr.
> Diese darf ich **groß- oder kleinschreiben**.
> In förmlichen Briefen wird der Briefpartner mit **Sie** angesprochen.
> Die Anredepronomen werden der Höflichkeit wegen **großgeschrieben**:
> Sie, Ihnen, Ihr, Ihre.

(1) Jan ist umgezogen. Die Klasse 3a schickt ihm diesen Einladungsbrief zum Sommerfest. Lest den Brief abwechselnd Satz für Satz.
Setzt du, dich und dir passend ein.

Lieber Jan,
wir möchten ___ herzlich zu unserem Sommerfest am Samstag, den 21.6., ab 11 Uhr am alten Sportplatz einladen. Zuerst wollen wir mit ___ grillen. Würstchen und Salat kaufen wir, aber ___ solltest bitte einen Teller, ein Glas und Besteck für ___ mitbringen. Danach möchten wir gemeinsam spielen. Vielleicht fällt ___ ein neues Spiel ein, das wir machen können?
Wir freuen uns auf ___ und hoffen, dass ___ kommen kannst.
Deine Klasse 3a

(2) Die Klasse möchte auch ihren ehemaligen Lehrer, Herrn Winter, einladen.
Schreibe die Einladung aus (1) um.
Benutze dabei die höflichen Anredepronomen und markiere sie.

Heft 2, S. 49 (2)
Lieber Herr Winter,
wir möchten Sie herzlich …

Auf einen Blick

- In Silben gliedern. So vergesse ich keinen Buchstaben: Besen.
- Ein Ableitungswort bilden. So unterscheide ich e oder ä und eu oder äu: Zäune ↯ Zaun, Häschen ↯ Hase.
- Durch Weiterschwingen ein Verlängerungswort finden. So unterscheide ich b oder p, d oder t und g oder k am Wortende: der Hund ↪ die Hunde.
- Ⓜ Wörter mit doppelten Vokalen oder V/v muss ich mir merken: Schnee, Vogel.

① Tausche dich mit einem Partnerkind darüber aus, welche Strategie euch bei der markierten Stelle hilft. Ordnet die Wörter den Strategien zu.

Heft 2, S. 50 ①+②
Badeente, ...
Bäuche, ...
...
Ⓜ ...

② Entscheide, wie die Wörter geschrieben werden. Ergänze den Hefteintrag zu ①.

Berg/Berk ★ Wesche/Wäsche ★
Pullofer/Pullover ★ Waage/Wage ★
Bad/Bat ★ er schwimt / er schwimmt ★
Hende/Hände ★ wärmen/wermen

feucht
frieren
schmutzig
schwitzen
die Temperatur
trocken

① Lies Ranis Bericht über die Projektwoche.
Vervollständige dabei die Wörter.

Unsere Projektwoche

Letzte Woche hat uns☆re Schule eine Projektwoche zum Thema Müll durchgeführt. Am Monta☆ haben wir alle auf dem Schulhof Müll gesammelt. Wir waren erstaunt, wie schmutzi☆ es war. Dann konnten wir uns auf ferschiedene Projektgruppen aufteilen. Eine Gruppe entwarf ein Spiel zum Thema Mülltrennung. Einige Kinder besuchten eine Werkstatt, in der Gegenst☆nde receikelt werden. Meine Gruppe entwickelte Ideen, wie wir in der Schule Müll vermeiden können. Außerdem konnte man mit Müll basteln. Am Ende der Projektwoche ga☆ es eine Ausstellung. Wir luden unsere Eltern und Leute aus der Nachbarschaft ein und präsentierten, was wir gelernt haben.

Rani, Klasse 3a

② Schreibe die Wörter richtig auf. Nutze die Hilfen.

- uns☆re – Sprich deutlich in Silben.
- Monta☆ – Bilde die Mehrzahl.
- schmutzi☆ – Bilde die 1. Vergleichsstufe.
- Gegenst☆nde – Bilde die Einzahl.
- ga☆ – Bilde die Grundform des Verbs.

Heft 2, S. 51 ②
unsere, ...

③ Schlage die markierten Wörter aus ① im Wörterbuch nach. Schreibe sie richtig auf.

Heft 2, S. 51 ③
...

1 Besprecht, welches Strategiesymbol zu welchem Wort gehört.
Setzt dann die fehlenden Buchstaben ein und notiert hinter jedem Wort, welche Strategie euch hilft.

Heft 2, S. 52 ①
A: toller, Tag ↪ die Tage
B: lächelt ↯ lachen, …
…

A **Ein toll☆ Ta☆ am Meer** ↪ ω

B Koki l☆chelt bis über beide Ohr☆. ω ↯

C Er nimmt sich sein Fahrra☆ und f☆hrt los. ↪ ↯

D Heute will er mit seinem Freun☆ Olek ans Wass☆ fahren. ω ↪

E Hier an der Nor☆see bl☆st das ganze Jahr der Win☆. ↯ ↪ ↪

F Für die Han☆tücher find☆ sie ein Pl☆tzchen in den Dün☆. ω ↪ ↯ ω

G Olek sprin☆t muti☆ ins kalte Wasser. ↪ ↪

H Koki l☆ft über den Stran☆. ↪ ↯

I Er l☆sst seinen bunt☆ Drach☆ steig☆. ω ω ω ↯

2

(1) Lies den Text. Setze in Gedanken die passenden Wörter ein.

aufgere*t	*pfel	Gru*en	ko*en
bele*te	We*	H*nden	

Abenteuer im Wald

Die Klasse 3a verbringt den Tag im Wald. Alle sind schon ganz (↪). Frau Sommer und Herr Kuzu haben eine Schnitzeljagd für die Kinder vorbereitet. Die Kinder teilen sich in (ω) auf und folgen den Hinweisen. Malik entdeckt eine Tierspur auf dem (↪). Zu welchem Tier sie wohl gehört? Frau Sommer gibt den Kindern ein Buch, in dem Tierspuren erklärt werden. Es sind die Spuren eines Rehs! Malik und Bente gehen der Spur nach. Dann sehen sie einen Pfeil aus Tannenzapfen. Sie folgen dem Pfeil und erblicken eine große Kiste. „Wir haben etwas gefunden!“, ruft Bente und winkt fröhlich mit den (ϟ). Kurz darauf (ω) auch die anderen Kinder herbeigeeilt. Gemeinsam öffnen sie die Kiste. Darin finden sie (↪) Brote, Gurken und (ϟ). Am Ende machen alle ein Picknick auf der großen Wiese.

(2) Schreibe die Wörter aus den Wortkärtchen in (1) vollständig auf. Nutze die Strategiezeichen.

Heft 2, S. 53 ②
aufgeregt ↪ aufregen, ...

Lernportion 8: Fehler berichtigen

(1) Lest die Texte. Entscheidet jeweils, welches der roten Wörter richtig geschrieben ist. Begründet eure Wahl.

Jedes Jahr verbringen Millionen von Zukvögeln/Zugvögeln/Zugfögeln die kalten Wintermonate in südlichen Ländern/Lendern/Länndern. Nur in den Somermonaten/Sommermonaten/Sommermonatn leben sie in Europa. Der Weißstorch legt dabei bis zu 10 000 Kilometer/Kielometer/Killometer nach Südafrika zurück.

Der Klimawandel macht sich auf dem ganzen Erdball/Ertball/Erdbahl bemerkbar. Die durchschnittlich gemessenen Temparaturen/Temperatuhren/Temperaturen pro Jahr steigen immer weiter an. Somit schmiltzt/schmelzt/schmilzt das ewige Eis an den beiden Polen. Dadurch steigt der Meeresspiegel/Meeresspeigel/Meerespiegel. Inselgruppen wie die Malediven oder Teile der Südsee drohen im Wasser zu versinken/versinnken/versingen.

Die Bevölkerung/Befölkerung/Bevöllkerung in vielen Ländern der Welt besteht nicht nur aus einer Nationalität. In fast allen Staaten/Stahten/staaten leben Menschen aus vielen Kulturen. Auch bei uns in Deutschland leben Menschen, die in anderen europäischen Ländern oder auf anderen Kontienenten/Kontinenten/Konntinenten wie Asien, Afrika oder Amerika gebohren/geborn/geboren wurden. Das macht das Zusammenleben vielfältig und interessant.

(2) Schreibe einen der Texte aus (1) richtig ab.

Heft 2, S. 54 (2)
...

1) In Emils Text sind die Fehler bereits markiert.
Schreibe den Text fehlerfrei ab.
Lass dabei immer eine Zeile frei.
Begründe die richtige Schreibweise, z. B.
Satzanfang = groß, Nomen = groß, Verb = klein oder Adjektiv = klein.
Schreibe die Begründung über das Wort in die leere Zeile.

Heft 2, S. 55 ①
(Adjektiv = klein)
Montag ist für mich der schönste Tag ...

Montag ist für mich der Schönste Tag der woche.
Da habe ich gitarrenunterricht. Ich hätte nicht Gedacht,
dass es so viel Spaß macht. letzten Sonntag durfte ich
vor publikum auftreten. Es war ganz leicht. ich war
überhaupt nicht Aufgeregt. (Emil, 8 Jahre)

2) Hannas Text enthält insgesamt acht Fehler.
Schreibe den Text fehlerfrei ab.

a) Markiere die verbesserten Stellen.

b) Erkläre einem Partnerkind, welche Regeln und Strategien dir bei der Verbesserung der Rechtschreibfehler geholfen haben.

Heft 2, S. 55 ②
Wenn mir langweilig ist, dann gehe ...

Ich kann auch im Wörterbuch nachschlagen.

Wenn mir Langweilig ist, dann gehe ich auf den Bolzplaz.
Hier ist immer ein Freund, der mit mir kikt. mittwochs trainiere
ich im Fußbalverein. Am Wochenende haben wir ein spiel.
Ich spiele im Mittelfelt, aber wenn der Torwart Krank ist,
dann stehe ich zwischen den Pfosten. (Hanna, 9 Jahre)

A a

der **Ad|vent**, die Advente Ⓜ
ähn|lich Ⓜ
al|lein
alt ↪
an|geln, er angelte
ant|wor|ten, sie antwortete
das **A|qua|ri|um**, die Aquarien
der **Arzt**, die Ärzte ϟ
die **Ärz|tin**, die Ärztinnen ϟ
auf|pas|sen, sie passte auf
auf|räu|men, er räumte auf ϟ
auf|wach|sen, es wuchs auf Ⓜ
au|ßen Ⓜ
aus|wech|seln, sie wechselte aus Ⓜ
die **Axt**, die Äxte ϟ

B b

das **Bad**, die Bäder ϟ
die **Bahn**, die Bahnen Ⓜ
bau|en, er baute
die **Bee|re**, die Beeren Ⓜ
das **Beet**, die Beete Ⓜ
be|feh|len, er befahl Ⓜ
be|geg|nen, sie begegnete
be|gin|nen, es begann
bei|ßen, er biss Ⓜ
be|kom|men, er bekam
be|loh|nen, sie belohnte Ⓜ
be|quem
be|reit
das **Bett**, die Betten
be|vor Ⓜ
be|zah|len, sie bezahlte Ⓜ
der **Bi|ber**, die Biber Ⓜ
bie|gen, er bog
bil|lig ↪
bit|ten, sie bat
blind ↪
der **Blitz**, die Blitze
der **Block**, die Blöcke
bloß Ⓜ
der **Bo|den**, die Böden
boh|ren, er bohrte Ⓜ
das **Boot**, die Boote Ⓜ
der **Brand**, die Brände ϟ ↪
brav Ⓜ
die **Brem|se**, die Bremsen
bren|nen, es brannte
die **Bril|le**, die Brillen
brin|gen, er brachte
brum|men, sie brummte
die **Burg**, die Burgen ↪
der **Bür|ger**, die Bürger
der **Busch**, die Büsche

C c

die **Chan|ce**, die Chancen Ⓜ
der **Chef**, die Chefs Ⓜ
die **Che|fin**, die Chefinnen Ⓜ
der **Chor**, die Chöre Ⓜ
der **Clown**, die Clowns Ⓜ

D d

da|von Ⓜ
da|vor Ⓜ
den|ken, sie dachte
der **De|tek|tiv**, die Detektive Ⓜ
deut|lich
deutsch
Deutsch|land ↪
dick
don|nern, es donnerte
doof Ⓜ
das **Dorf**, die Dörfer

der **Draht**, die Drähte Ⓜ
dru|cken, er druckte
dumm
dünn
dür|fen, sie durfte
der **Durst**

E e

ehr|lich Ⓜ
ei|gent|lich
ei|ni|ge
elf
die **El|tern**
end|lich
ent|de|cken, sie entdeckte
ent|fer|nen, er entfernte
die **Ent|fer|nung**, die Entfernungen
ent|wi|ckeln, er entwickelte
die **Ent|wick|lung**, die Entwicklungen
die **Erd|bee|re**, die Erdbeeren Ⓜ
er|gän|zen, sie ergänzte ⚡
er|klä|ren, er erklärte ⚡
er|lau|ben, sie erlaubte
er|le|ben, er erlebte
das **Er|leb|nis**, die Erlebnisse
er|näh|ren, sie ernährte Ⓜ
die **Er|näh|rung**, die Ernährungen Ⓜ
er|schre|cken, er erschreckte
die **Er|war|tung**, die Erwartungen
er|zäh|len, sie erzählte Ⓜ
Eu|ro|pa

F f

fah|ren, er fuhr Ⓜ
das **Fahr|rad**, die Fahrräder Ⓜ
fair Ⓜ
fan|gen, sie fing
feh|len, es fehlte Ⓜ
der **Feh|ler**, die Fehler Ⓜ
fein
fer|tig ↪
das **Fest**, die Feste
fett
feucht
das **Feu|er**, die Feuer
die **Fich|te**, die Fichten
der **Fleiß** Ⓜ
flei|ßig Ⓜ
flie|gen, sie flog ↪
flie|ßen, es floss Ⓜ
der **Flur**, die Flure
der **Fluss**, die Flüsse
flüs|sig ↪
flüs|tern, sie flüsterte
fres|sen, er fraß
frie|ren, es fror
froh Ⓜ
fröh|lich Ⓜ
die **Frucht**, die Früchte
früh Ⓜ
der **Fuchs**, die Füchse Ⓜ
füh|len, er fühlte Ⓜ
füh|ren, sie führte Ⓜ
der **Fuß**, die Füße Ⓜ
das **Fut|ter**, die Futter
füt|tern, er fütterte

G g

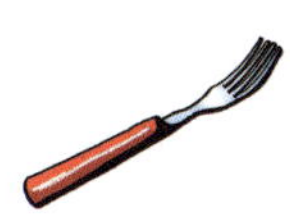

ganz
das **Ge|bäu|de**, die Gebäude ⚡
die **Ge|fahr**, die Gefahren Ⓜ
ge|fähr|lich Ⓜ
das **Ge|fühl**, die Gefühle Ⓜ
ge|gen
der **Geiz**

die **Ge|mein|de,** die Gemeinden
das **Ge|päck** ϟ
das **Ge|schäft,** die Geschäfte
ge|sche|hen, es geschah
das **Ge|schenk,** die Geschenke ↪
der **Ge|schmack,** die Geschmäcker ϟ
das **Ge|setz,** die Gesetze
das **Ge|wächs,** die Gewächse Ⓜ
ge|win|nen, sie gewann
gie|ßen, er goss Ⓜ
der **Glanz**
glatt
das **Glück**
der **Gott,** die Götter
groß Ⓜ
die **Grup|pe,** die Gruppen
der **Gruß,** die Grüße Ⓜ
grü|ßen, sie grüßte Ⓜ

H h

das **Haar,** die Haare Ⓜ
der **Ha|fen,** die Häfen ϟ
halb ↪
hal|ten, er hielt
das **Han|dy,** die Handys Ⓜ
hän|gen, es hing
der **Hau|fen,** die Haufen
häu|fig ϟ
die **Haut,** die Häute ϟ
die **Hei|de**
heim|lich
heiß Ⓜ
hei|ßen, sie hieß Ⓜ
der **Held,** die Helden ↪
die **Hel|din,** die Heldinnen
hel|fen, er half
das **Hemd,** die Hemden ↪
her|stel|len, sie stellte her
das **Herz,** die Herzen
die **Hit|ze**
hof|fent|lich
höf|lich
hohl Ⓜ
die **Höh|le,** die Höhlen Ⓜ
die **Hum|mel,** die Hummeln

I i

die **I|dee,** die Ideen Ⓜ
der **I|gel,** die Igel Ⓜ
die **In|for|ma|ti|on,** die Informationen
in|for|mie|ren, er informierte
in|ner|halb
das **In|te|res|se,** die Interessen
das **In|ter|view,** die Interviews Ⓜ

J j

ja|gen, er jagte
der **Jä|ger,** die Jäger ϟ
jetzt
die **Ju|gend**

K k

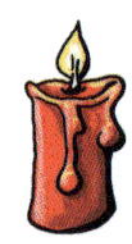

der **Kä|fer,** die Käfer
der **Kä|fig,** die Käfige ↪
der **Kai|ser,** die Kaiser Ⓜ
kalt
die **Käl|te** ϟ
der **Ka|min,** die Kamine
der **Kamm,** die Kämme ϟ
käm|men, sie kämmte ϟ
der **Kampf,** die Kämpfe ϟ
kämp|fen, er kämpfte ϟ
ka|putt
ken|nen, sie kannte

das **Ki|lo|gramm,** die Kilogramm Ⓜ
das **Ki|no,** die Kinos Ⓜ
klap|pen, es klappte
klar
der **Kle|ber,** die Kleber
ko|chen, er kochte
der **Kö|nig,** die Könige ↪
die **Kö|ni|gin,** die Königinnen
das **Korn,** die Körner
kräf|tig ⚡
der **Kreis,** die Kreise
das **Kreuz,** die Kreuze
krie|chen, sie kroch
krumm
kühl Ⓜ
küh|len, er kühlte

L l

das **Land,** die Länder ↪
lang
der **Lärm**
las|sen, sie ließ
das **Laub**
lau|fen, sie lief
läu|ten, es läutete ⚡
le|ben, sie lebte ↪
leer
le|gen, er legte ↪
der **Leh|rer,** die Lehrer Ⓜ
die **Leh|re|rin,** die Lehrerinnen Ⓜ
leuch|ten, es leuchtete
das **Le|xi|kon,** die Lexika Ⓜ
das **Lied,** die Lieder ↪
die **Li|ni|e,** die Linien Ⓜ
der **Löf|fel,** die Löffel
der **Lohn,** die Löhne Ⓜ
die **Luft,** die Lüfte
lus|tig ↪

M m

mah|len, er mahlte Ⓜ
mai|len, sie mailte Ⓜ
die **Man|da|ri|ne,** die Mandarinen Ⓜ
das **Mär|chen,** die Märchen
die **Ma|schi|ne,** die Maschinen Ⓜ
das **Maß,** die Maße Ⓜ
das **Me|di|um,** die Medien
das **Meer,** die Meere Ⓜ
mehr
mes|sen, er maß Ⓜ
mi|nus
der **Mit|tag,** die Mittage ↪
das **Moor,** die Moore Ⓜ
das **Moos,** die Moose Ⓜ
die **Mü|he,** die Mühen
die **Müh|le,** die Mühlen Ⓜ
die **Mu|sik,** die Musiken Ⓜ
die **Mut|ter,** die Mütter

N n

der **Na|bel,** die Nabel
der **Nach|mit|tag,** die Nachmittage ↪
nah Ⓜ
die **Nah|rung** Ⓜ
näm|lich
nass
die **Näs|se** ⚡
die **Na|tur,** die Naturen
ne|ben
neh|men, sie nahm Ⓜ
das **Nest,** die Nester
nett
ni|cken, er nickte
der **Nor|den**
die **Num|mer,** die Nummern
nut|zen, sie nutzte
nütz|lich

O o

das **Obst**
der **Och|se,** die Ochsen Ⓜ
of|fen
oh|ne Ⓜ
das **Ohr,** die Ohren Ⓜ
der **Ort,** die Orte
das **Os|tern,** die Ostern

P p

paar Ⓜ
das **Paar,** die Paare Ⓜ
pa|cken, sie packte
die **Pap|pe,** die Pappen
die **Par|ty,** die Partys Ⓜ
der **Pass,** die Pässe (ϟ)
das **Pferd,** die Pferde (↪)
die **Pflan|ze,** die Pflanzen
pfle|gen, er pflegte
die **Pflicht,** die Pflichten
die **Piz|za,** die Pizzas Ⓜ
der **Platz,** die Plätze (ϟ)
plötz|lich
pri|ma Ⓜ
prü|fen, er prüfte
der **Pul|lo|ver,** die Pullover Ⓜ
der **Punkt,** die Punkte
die **Py|ra|mi|de,** die Pyramiden Ⓜ

Qu qu

die **Qual,** die Qualen
quä|len, sie quälte
der **Quatsch**
die **Quel|le,** die Quellen
quer
quiet|schen, es quietschte
das **Quiz,** die Quiz

R r

das **Ra|di|o,** die Radios
der **Rand,** die Ränder (↪)
der **Ra|sen,** die Rasen
der **Raum,** die Räume (ϟ)
rei|sen, er reiste
rei|ßen, sie riss Ⓜ
die **Re|li|gi|on,** die Religionen
ren|nen, er rannte
rie|chen, sie roch
der **Rie|se,** die Riesen
der **Rock,** die Röcke
die **Ru|he**
rüh|ren, er rührte Ⓜ

S s

der **Saal,** die Säle Ⓜ
die **Saat,** die Saaten Ⓜ
sä|en, sie säte
der **Sa|men,** die Samen
sam|meln, er sammelte
satt
der **Satz,** die Sätze (ϟ)
schaf|fen, sie schaffte
der **Schall,** die Schalle
schal|len, es schallte
der **Schal|ter,** die Schalter
der **Schat|ten,** die Schatten
der **Schatz,** die Schätze (ϟ)
die **Schau|kel,** die Schaukeln
schen|ken, er schenkte
schie|ben, sie schob
das **Schiff,** die Schiffe
schla|fen, er schlief
schlie|ßen, sie schloss Ⓜ
schließ|lich Ⓜ
schlimm
der **Schluss**

schme|cken, sie schmeckte
schmut|zig
der **Schnee** Ⓜ
schnell
die **Schnur,** die Schnüre
der **Schreck,** die Schrecke
der **Schutz**
schüt|zen, er schützte
schwei|gen, sie schwieg
schwim|men, er schwamm
schwit|zen, sie schwitzte
der **See,** die Seen Ⓜ
se|hen, er sah
sehr
sel|ber
Sil|ves|ter Ⓜ
sin|gen, sie sang
sin|ken, er sank
der **Sohn,** die Söhne Ⓜ
der **Spaß,** die Späße Ⓜ
spät
der **Spatz,** die Spatzen
spa|zie|ren, er spazierte
spitz
die **Spra|che,** die Sprachen
sprin|gen, sie sprang
die **Stadt,** die Städte ⚡
der **Stamm,** die Stämme ⚡
stark
stär|ken, er stärkte
steh|len, sie stahl Ⓜ
stei|gen, er stieg ⚡
steu|ern, sie steuerte
still
die **Stirn,** die Stirnen
stolz
die **Stra|ße,** die Straßen Ⓜ
der **Strauß,** die Sträuße ⚡
strei|chen, er strich
strei|ten, sie stritt
streng
das **Stück,** die Stücke
der **Stuhl,** die Stühle
stumm
stür|misch
der **Sü|den**
sur|fen, er surfte Ⓜ
süß
die **Sü|ßig|keit,** die Süßigkeiten Ⓜ

T t

das **Ta|blet,** die Tablets Ⓜ
der **Tag,** die Tage ↪
täg|lich ⚡
die **Tan|ne,** die Tannen
die **Tas|se,** die Tassen
die **Tas|te,** die Tasten
das **Ta|xi,** die Taxis Ⓜ
die **Tech|nik,** die Techniken
der **Ted|dy,** die Teddys Ⓜ
der **Tee,** die Tees Ⓜ
der **Tel|ler,** die Teller
die **Tem|pe|ra|tur,** die Temperaturen
der **Text,** die Texte Ⓜ
das **The|a|ter,** die Theater Ⓜ
das **The|ma,** die Themen Ⓜ
das **Ther|mo|me|ter,** die Thermometer Ⓜ
tief
der **Ti|ger,** die Tiger Ⓜ
der **Tipp,** die Tipps
tip|pen, sie tippte
die **Toch|ter,** die Töchter
der **Tod,** die Tode ↪
toll
tra|gen, er trug
trai|nie|ren, sie trainierte
das **Trai|ning,** die Trainings Ⓜ

der **Traum**, die Träume (ϟ)
träu|men, sie träumte
trau|rig
tref|fen, er traf
treu
trin|ken, sie trank
tro|cken
trös|ten, er tröstete
trotz|dem
tun, sie tat

U u

ü|ben, sie übte
ü|ber
ü|ber|all
ü|ber|que|ren, er überquerte
die **Ü|bung**, die Übungen
die **Uhr**, die Uhren Ⓜ
der **U|hu**, die Uhus
um|keh|ren, er kehrte um
un|ge|fähr Ⓜ
un|ten
un|ter
der **Un|ter|richt**, die Unterrichte
un|ter|wegs
der **Ur|laub**, die Urlaube (↪)

V v

die **Va|se**, die Vasen Ⓜ
der **Va|ter**, die Väter Ⓜ
ver|bie|ten, er verbot Ⓜ
das **Ver|bot**, die Verbote Ⓜ
ver|brau|chen, sie verbrauchte Ⓜ
ver|bren|nen, er verbrannte Ⓜ
ver|dop|peln, sie verdoppelte Ⓜ
der **Ver|ein**, die Vereine Ⓜ
ver|ei|nen, er vereinte Ⓜ
ver|ges|sen, sie vergaß Ⓜ
ver|gess|lich Ⓜ
ver|glei|chen, er verglich Ⓜ
ver|kau|fen, sie verkaufte Ⓜ
ver|let|zen, er verletzte Ⓜ
ver|lie|ren, sie verlor Ⓜ
ver|mis|sen, er vermisste Ⓜ
ver|rückt Ⓜ
ver|schmut|zen, sie verschmutzte Ⓜ
ver|schwin|den, er verschwand Ⓜ
ver|spre|chen, sie versprach Ⓜ
der **Ver|such**, die Versuche Ⓜ
ver|trau|en, er vertraute Ⓜ
ver|wandt Ⓜ
der **Ver|wand|te**, die Verwandten Ⓜ
die **Ver|wechs|lung**, die Verwechslungen Ⓜ
viel|leicht Ⓜ
das **Vi|rus**, die Viren Ⓜ
voll Ⓜ
voll|stän|dig Ⓜ
vo|raus Ⓜ
vor|bei Ⓜ
vor|fah|ren, sie fuhr vor Ⓜ
die **Vor|fahrt**, die Vorfahrten Ⓜ
vor|her Ⓜ
vor|kom|men, es kam vor Ⓜ
vor|le|sen, er las vor Ⓜ
der **Vor|na|me**, die Vornamen Ⓜ
vor|ne Ⓜ
vor|neh|men, er nahm vor Ⓜ
der **Vor|schlag**, die Vorschläge Ⓜ
vor|schla|gen, er schlug vor Ⓜ
vor|schrei|ben, sie schrieb vor Ⓜ
die **Vor|sicht** Ⓜ
vor|sich|tig Ⓜ
vor|stel|len, er stellte vor Ⓜ
der **Vor|teil**, die Vorteile Ⓜ
vor|tra|gen, sie trug vor Ⓜ
vor|wärts Ⓜ

W w

die **Waa|ge,** die Waagen (M)
das **Wachs,** die Wachse (M)
die **Wahl,** die Wahlen (M)
wäh|len, sie wählte (M)
wahr (M)
wäh|rend (M)
der **Wald,** die Wälder (ϟ)
die **Wand,** die Wände (ϟ)
wann
warm
die **Wär|me** (ϟ)
die **Wä|sche,** die Wäschen (ϟ)
wa|schen, er wusch
wech|seln, sie wechselte (M)
we|cken, er weckte
der **We|cker,** die Wecker
we|gen
weg|ge|hen, sie ging weg
das **Weih|nach|ten,** die Weihnachten
wei|nen, es weinte
weiß (M)
die **Welt,** die Welten
we|nig (↪)
wer|den, es wurde
wer|fen, sie warf
der **Wes|ten**
wich|tig
wie|der
wie|gen, er wog
wild
der **Wind,** die Winde (↪)
win|dig (↪)
win|ken, sie winkte
wirk|lich
wis|sen, er wusste
das **Wis|sen**
der **Witz,** die Witze
wit|zig (↪)
wohl (M)
woh|nen, sie wohnte (M)
die **Woh|nung,** die Wohnungen (M)
der **Wolf,** die Wölfe
das **Wort,** die Wörter
der **Wunsch,** die Wünsche
wü|tend (↪)

Z z

zäh|len, sie zählte
der **Zahn,** die Zähne (M)
der **Zaun,** die Zäune (ϟ)
der **Zeh,** die Zehen (M)
das **Zei|chen,** die Zeichen
zeich|nen, sie zeichnete
die **Zeich|nung,** die Zeichnungen
zei|gen, er zeigte
die **Zei|tung,** die Zeitungen
das **Zelt,** die Zelte
die **Zen|sur,** die Zensuren
das **Zeug|nis,** die Zeugnisse
das **Ziel,** die Ziele
zie|len, sie zielte
ziem|lich
der **Zir|kel,** die Zirkel
die **Zi|tro|ne,** die Zitronen
der **Zoo,** die Zoos (M)
der **Zu|cker**
zu|erst
der **Zug,** die Züge (↪)
die **Zu|kunft**
zu|künf|tig
zu|letzt
zu|rück
zu|sam|men
zwi|schen
zwölf
der **Zy|lin|der,** die Zylinder (M)

Einsterns Schwester 3

Themenheft 2
Richtig schreiben

Herausgegeben von: Roland Bauer, Jutta Maurach

Erarbeitet von: Wiebke Gerstenmaier, Sonja Grimm
in Zusammenarbeit mit der Redaktion Grundschule Deutsch 2–4

Begutachtung: Astrid Dittberner (Niedersachsen), Katrin Bertram (Brandenburg), Angelika Borrmann (Schleswig-Holstein), Claudia Hoeschen (Schleswig-Holstein), Alexandra Mangold (Baden-Württemberg), Julia Schäfer (Hessen), Simone Schick (Nordrhein-Westfalen), Steffi Sternal (Sachsen)

Redaktion: Sabine Gerber, Milena Lemke, Kristina Meyer, Martina Schramm

Illustration: Yo Rühmer, Frankfurt am Main

Umschlag: Cornelia Gründer, agentur corngreen, Leipzig (Gestaltung); Yo Rühmer, Frankfurt am Main (Illustration)

Layout und technische Umsetzung: lernsatz.de

www.cornelsen.de

1. Auflage, 1. Druck 2023

Alle Drucke dieser Auflage sind inhaltlich unverändert
und können im Unterricht nebeneinander verwendet werden.

Druck: Athesiadruck GmbH

ISBN 978-3-06-084858-4 (Themenheft 2, Leihmaterial)

PEFC-zertifiziert
Dieses Produkt stammt aus nachhaltig bewirtschafteten Wäldern
PEFC
PEFC/18-31-166
www.pefc.de